La petite maison au grand cœur

À Mamou, la vraie de vraie
A. P.

À mes deux petits lutins d'amour,
Élodie et Émile, et mille mercis à Alain Massicotte
pour sa précieuse collaboration
N. P.

Catalogage avant publication de Bibliothèque et Archives nationales du Québec et Bibliothèque et Archives Canada

Poitras, Anique, 1961-
La petite maison au grand cœur
Pour enfants.

ISBN 978-2-89512-676-8 (rel.)
ISBN 978-2-89512-681-2 (br.)

I. Pelletier, Ninon. II. Titre.
PS8581.O243P47 2009 jC843'.54 C2008-940757-1
PS9581.O243P47 2009

Directrice de collection : Lucie Papineau
Direction artistique et graphisme : Primeau Barey

Dépôt légal : 3e trimestre 2009
Bibliothèque nationale du Québec
Bibliothèque nationale du Canada

Dominique et compagnie
300, rue Arran, Saint-Lambert (Québec)
Canada J4R 1K5
Téléphone : 514 875-0327
Télécopieur : 450 672-5448
Courriel :
dominiqueetcie@editionsheritage.com

www.dominiqueetcompagnie.com

Imprimé en Chine

Nous remercions le Conseil des Arts du Canada de l'aide accordée à notre programme de publication.

Nous reconnaissons l'aide financière du gouvernement du Canada par l'entremise du Programme d'aide au développement de l'industrie de l'édition (PADIÉ) pour nos activités d'édition.

Nous reconnaissons l'aide financière du gouvernement du Québec par l'entremise du Programme de crédit d'impôt pour l'édition de livres – SODEC et du Programme d'aide aux entreprises du livre et de l'édition spécialisée.

La petite maison au grand cœur

Texte : Anique Poitras • Illustrations : Ninon Pelletier

Dominique et compagnie

Il était une fois une forêt sombre et
profonde où l'on pouvait facilement se perdre.
En son cœur se trouvait une petite maison.

Il suffisait d'y entrer pour que le bonheur
vous saute dessus.

Cette maison était habitée par Mamou, une femme sauvage qu'un chat avait apprivoisée.

Mamou avait longtemps erré dans la forêt. Puis elle avait suivi le chat jusqu'à cette maisonnette, perdue comme elle, au fond des bois.

Un soir, une famille de lutins égarés vint frapper à leur porte... Il y avait papa lutin, maman lutine, l'adolutin et l'enfant lutin qui rêvait d'être magicien.

C'était un beau soir de pleine lune d'été. Tout à coup, une vieille louve dans la montagne se mit à hurler. Le petit lutin en fut effrayé. Walter le chat miaula si fort que les volets claquèrent et les fenêtres s'ouvrirent. Le vent s'engouffra si hardiment à l'intérieur que la maison en trembla.

Terrorisé par la tempête, l'enfant lutin éclata en sanglots. Mamou s'approcha et lui glissa à l'oreille:
–Ne crains rien, petit lutin. Walter miaule pour remercier la louve de son chant d'amour. Mais comme elle est dure d'oreille, il doit élever la voix…
Quant à la maison, elle danse avec le vent.
C'est son amoureux fidèle depuis la nuit des temps.

Rassuré, l'enfant lutin sourit. Puis il rejoignit
Walter en miaulant aussi fort que lui.

Cette nuit-là, la vieille louve dormit comme un ange, bercée par la voix de l'enfant lutin et par une étrange musique. On aurait dit qu'un géant jouait du tambour.

La louve était si heureuse que des ailes poussèrent sur son dos.

Au matin, un chasseur nommé Gillot
s'approcha de la louve. Mais les vieilles oreilles
de la bête ne l'entendirent pas venir.

Gillot s'apprêtait à tirer... lorsqu'il aperçut
les ailes de la louve.

–Pardi! marmonna le chasseur en rangeant son fusil.
Eh oui! Gillot était amoureux fou des oiseaux...

Le chasseur descendait la montagne
lorsqu'il croisa la famille de lutins heureux
qui rentraient chez eux.

Soudain, le petit lutin s'exclama
en désignant le ciel:
–Regardez le bel oiseau-loup!

L'enfant se pinça pour s'assurer
qu'il ne rêvait pas. Non, ce n'était
pas un rêve: la petite maison
lui souriait vraiment.

C'est ainsi que Gillot le chasseur découvrit la petite maison. Mamou, son chat sur les talons, en surgit pour l'inviter à sa table.

Gillot accepta aussitôt. À l'instant même, il sut que l'oiseau-loup l'avait mené jusqu'à Mamou.

Gillot entendit alors une étrange musique. On aurait dit qu'un géant jouait du tambour.

Cette musique, Gillot n'allait pas tarder à l'apprendre...

... c'était le cœur de la petite maison
qui battait très fort.